Inhalt

Turbulenzen im Finanzsystem - neue Herausforderungen an das Risikomanagement der Banken

Kernthesen

Beitrag

Fallbeispiele

Zahlen und Fakten

Weiterführende Literatur

Impressum

Turbulenzen im Finanzsystem - neue Herausforderungen an das Risikomanagement der Banken

Autor GENIOS BranchenWissen: J.Reichert

Kernthesen

- Banken haben mit den Auswirkungen der US-amerikanischen Immobilienkrise zu kämpfen.
- Risiken von verbrieften Kreditforderungen waren oftmals nicht transparent und wurden von den Marktteilnehmern unterschätzt.
- Weltweit wird die Forderung nach einem besseren Risikomanagement der Banken

erhoben.
- Neben internen Prozessen und Modellen ist auch das regulatorische Rahmenwerk für das Risikomanagement einer Überprüfung zu unterziehen.

Beitrag

Die Hypothekenkrise in den Vereinigten Staaten und deren Auswirkungen auf zahlreiche Kreditinstitute lassen vermuten, dass das Risikomanagement der betroffenen Banken versagt hat. Als Folge der Turbulenzen auf den Finanzmärkten wird nun eine Verbesserung der internen Prozesse zur Messung und Kontrolle von Risiken bei den Banken eingefordert. Um eine ähnliche Entwicklung wie in den vergangenen Monaten in Zukunft jedoch verhindern zu können, bedarf es neben den Anstrengungen der Marktteilnehmer jedoch auch einer Überprüfung der weltweiten gesetzlichen Rahmenbedingungen für das Risikomanagement.

Turbulenzen an den Finanzmärkten bringen Banken in

Schieflage

Die Turbulenzen an den internationalen Finanzmärkten in der zweiten Jahreshälfte 2007 dürften den betroffenen Akteuren noch lange in Erinnerung bleiben. Die Immobilienkrise in den Vereinigten Staaten sowie ihre Auswirkungen auf den Hypothekenmarkt haben viel Bewegung an den globalen Finanzmärkten verursacht mit dem Resultat, dass Kreditinstitute teilweise Abschreibungen in Milliardenhöhe vornehmen mussten und damit in finanzielle Schieflage geraten sind. Insbesondere in Deutschland waren die Folgen besorgniserregend, konnten doch mit der IKB und der Sachsen LB zwei Institute nur mit massiver finanzieller Unterstützung der gesamten Kreditbranche vor der Zahlungsunfähigkeit gerettet werden. Signifikante Auswirkungen der Krise auf die Realwirtschaft sind davon abgesehen bisher zwar ausgeblieben, jedoch rechnet ein Großteil der deutschen Wirtschaft mit negativen Konsequenzen [Abb.1]. Es stellt sich daher die Frage, wie gravierend die Belastungen für die Beteiligten Institute noch sein werden und wie solche Entwicklungen in Zukunft bereits im Vorfeld vermieden werden können. (5), (7)

Unterschätzung der Risiken zeugen von fehlerhaftem Risikomanagement

Erschreckend deutlich zeigte die Krise jedoch, dass die Risiken der verbrieften Hypothekenanleihen von den Marktteilnehmern wie Banken, Ratingagenturen und auch Wirtschafsprüfern eklatant unterschätzt wurden. Dies stellt die bisher historischen und berechneten Risikodaten und die dafür verwendeten Modelle der Kreditinstitute in Frage, welche in guten Marktzeiten den Banken eine scheinbare Sicherheit vermittelten, die de facto jedoch zu keiner Zeit bestand. Eine der Konsequenzen um weitere Gefahren und Unfälle zu verhindern ist daher, das Risikomanagement der Banken und die dafür verwendeten Modelle auf den Prüfstand zu stellen und die Qualität der dafür verwendeten Daten zu verbessern. Hauptaufgabe des Risikomanagements muss es sein, klare Signale für das Tagesgeschäft zu liefern und die maximal einzugehenden Risiken. Eine Forderung, welche in der jüngsten Vergangenheit offensichtlich nicht immer erfüllt wurde. (1), (5)

Risikomanagement als internes Kontroll- und Frühwarnsystem

Grundsätzlich beinhaltet ein angemessenes Risikomanagement die Definition von Strategien zur Einrichtung von internen Kontrollverfahren. Diese bestehen in den Kreditinstituten aus einem internen Kontrollsystem und der internen Geschäftsprüfung, auch Revision genannt. Kern eines jeden Systems ist das Konzept der Risikotragfähigkeit, in dem die Risiken eines Instituts dem vorhandenen Risikodeckungspotenzial gegenübergestellt werden. Proaktiv sollen so die zukünftigen Entwicklungen erfasst werden und dabei die bekannten Fakten und Risiken berücksichtigen. Durch die Institute sind dabei sowohl das Markt- als auch das Kreditrisiko sowie das operationale Risiko (z.B. Fehler in Verarbeitungsprozessen oder die Missachtung bestimmter Vorschriften) zu messen und zu kontrollieren. In Deutschland definiert das Kreditwesengesetz (KWG) die Mindestanforderungen an das Risikomanagement, deren Einhaltung durch die Aufsichtsbehörden zu kontrollieren ist. Der Aufsicht ist somit die Möglichkeit gegeben, organisatorischen und modellinhärenten Mängeln entgegenzuwirken. (6), (10), (11)

Fehler in Modellen und deren Anwendung

Doch was lief nun in Hinblick auf die Hypothekenkrise falsch, warum war das Risikomanagement vieler Kreditinstitute nicht in der Lage, die Risiken zu erkennen und sich dagegen abzusichern? Eine der Hauptursachen war sicherlich eine nicht ausreichende Qualität des Risikomanagements. Auch besaß deren Weiterentwicklung und Optimierung in der Vergangenheit bei den Kreditinstituten nicht die oberste Priorität [Abb.2]. Bei der Prüfung des Kreditrisikos wurde sich zu oft auf das Urteil der Ratingagenturen verlassen, ohne dessen Plausibilität zu prüfen oder besser, eine hausinterne Kontrolle durchzuführen. Unterschätzt und von den verantwortlichen Managern oftmals gar nicht erkannt, wurde auch das Liquiditätsrisiko, das unabhängig von Kredit- und Marktrisiko beurteilt werden muss. Es war bereits der Fall eingetreten, dass keine Liquidität zu Marktpreisen mehr zur Verfügung stand und dadurch die Institute gezwungen waren, die finanzierten Hypotheken unter Marktwert zu verkaufen oder Anschlussfinanzierungen über dem Marktwert einzukaufen. Die Möglichkeit diesem Risiko zu begegnen, wäre eine liquiditätsmäßige Durchfinanzierung der erworbenen Anlageprodukte gewesen, was von vielen Banken schlichtweg nicht beachtet wurde. (3), (4)

Nachbesserungen im Risikomanagement dringend erforderlich

Einige Lehren lassen sich jetzt schon aus der Krise der letzten Monate ziehen. Eine erste Konsequenz muss sein, die Kontrollgremien wie Kredit- und Risikoausschüsse mit fachkundigen Mitgliedern zu besetzen, die über besondere Kenntnisse und Erfahrungen im Risikomanagement verfügen. Organisatorisch muss sichergestellt werden, dass die Banken eigene Entscheidungen zur Kreditvergabe treffen und auch Engagements in top-geratete Papiere und Adressen intern noch einmal einer Prüfung unterzogen werden. Primäres Ziel bei der Optimierung des Risikomanagements ist aber die Herstellung einer größeren Transparenz an den Finanzmärkten. Das ist eine wichtige Voraussetzung für das Vertrauen der Marktteilnehmer untereinander und der Anlegerschicht gegenüber den Kreditgebern und Originatoren komplexer Kreditprodukte. (4), (7)

Auswirkungen und Lehren für die Risikomessung der Institute

Die dringend notwendig erscheinende Verbesserung des Risikomanagements sollte jedoch auch durch Anpassungen der regulatorischen Rahmenwerke abgesichert werden. Für den Verbriefungsmarkt sollte generell überlegt werden, ob die erstausreichende Bank von verbrieften Risikopositionen nicht zu einem gewissen Anteil im Risiko bleiben muss, da sie in der Regel über die meisten Informationen verfügt. Auch wäre eine Überprüfung der in der deutschen Solvabilitätsverordnung (SolvV) vorgeschriebenen Eigenkapitalunterlegung für derartige Positionen zumindest wünschenswert. Auf internationaler Ebene wird dies jedoch erst nach einer langwierigen Diskussion, wenn überhaupt, möglich sein. Mehr Möglichkeiten für eine gesetzlich fundierte und aktivere Finanzaufsicht bestehen in Deutschland sicherlich bei der konsequenteren Durchführung von so genannten Stresstests, welche im Rahmen der Risikotragfähigkeitsanalyse eingesetzt werden. Durch individuelle Testmodelle und deren Abnahme durch die Bankenaufsicht würde bei noch regelmäßigerer Anwendung in den Instituten eine bessere

Möglichkeit zur frühzeitigen Erkennung und Absicherung gegen diverse Risiken, die mit eingegangenen Geschäften entstehen, etabliert werden. Es bleibt abzuwarten, ob die internen und externen Bedingungen sich dahingehend verändern, dass solche Turbulenzen auf den Finanzmärkten nicht in einer derartigen Bankenkrise enden. (4), (7)

Fallbeispiele

UBS-Aktionäre fordern Sonderprüfung des Risikomanagements

Unter den Anteilseignern der Schweizer Großbank UBS, welche in besonderem Maße von der jüngsten Hypothekenkrise betroffen ist, wächst die Forderung nach einer Überprüfung des bankinternen Risikomanagements. Zentrale Frage ist in diesem Zusammenhang, ob die Risikokontrolle unabhängig von der Risikobewirtschaftung durchgeführt wird und wie das Management der Bank die Wiederholung einer solchen Misere verhindern will.

Gefordert ist nun der Verwaltungsrat der Bank, von dessen Antwort auf das Begehren eine Entscheidung zur Beantragung einer Sonderprüfung durch einen Aktionärsverbund abhängt. (2)

Versagen der Risikokontrolle bei der IKB

Die IKB-Bank war die in Deutschland mit am härtesten durch die US-amerikanische Hypothekenkrise betroffen. Gründe hierfür sind in einem Versagen des Risikomanagements und der Kontrollfunktionen durch Vorstand und Aufsichtsrat zu sehen. Fahrlässig wurden sehr hohe, miteinander verbundene Einzelrisiken eingegangen, welche jedoch nicht in der Bilanz berücksichtigt wurden. Durch die Auslagerung der Risiken in eine Zweckgesellschaft, für die jedoch eine Patronatserklärung abgegeben wurde, hätten diese Geschäfte mitsamt ihren Risiken in die Bilanz mit einfließen müssen, wodurch die Höhe der Engagements mit Sicherheit geringer ausgefallen wäre. (1)

Zahlen & Fakten

Wahrscheinlichkeit der Auswirkung internationaler

Finanzkrisen auf die deutsche Wirtschaft 2007

Wahrscheinlichkeit	Einstellung 2007 in Prozent
Sehr wahrscheinlich	17
Eher wahrscheinlich	41
Eher unwahrscheinlich	36
Sehr unwahrscheinlich	4
Weiß nicht	2

Quelle: TNS Emnid

Entnommen aus: FAKT Markt- und Wirtschaftsinformationen (9)

Geplante Kostenmaßnahmen der Kreditinstitute

Maßnahme	Anteil in Prozent
Kostensenkung/-effizienz	35
Personalentwicklung	26
Vertriebsverbesserung	25
Produkt-/Vertriebsverbesserung	20
Neustrukturierung	17
Beratungsqualität	15
Risikomanagement	10
Kooperationen	8

GBI-Genios Grafik

Quelle: Branchenkompass Kreditinstitute von Steria Mummert Consulting

Entnommen aus: FAKT Markt- und Wirtschaftsinformationen (8)

Weiterführende Literatur

(1) Wolfgang Gerke, emeritierter Professor und Präsident des Bayerischen Finanzzentrums, über deutsche Banken «Die Risiken müssen ausgewiesen werden»
aus Finanz und Wirtschaft vom 08.09.2007, Seite 45

(2) UBS-Aktionäre planen Revolte Sonderprüfung zum Risikomanagement gefordert – Verwässerung sorgt für Unmut

aus Finanz und Wirtschaft vom 22.12.2007, Seite 19

(3) James Dallara, Direktor des International Institute of Finance (IFF), zur Kreditkrise und zu den Lehren daraus «Turbulenzen zeigen Schwächen des Systems auf»
aus Finanz und Wirtschaft vom 12.12.2007, Seite 42

(4) Turbulenzen an den Finanzmärkten
aus Die Bank, Heft 12/2007, S. 20-26

(5) Die Lehren für Anleger aus der Subprime-Krise Risiken von Hedge Funds und Private Equity werden systematisch unterschätzt – Illiquidität wird zum Bumerang für alternative Anlagen
aus Finanz und Wirtschaft vom 14.11.2007, Seite 28

(6) Was ist Risikomanagement und wie funktioniert es? – Neue Gesetzgebung in der Revision des Aktienrechts Nötig sind effizientere interne Kontrollsysteme
aus Finanz und Wirtschaft vom 31.10.2007, Seite 29

(7) Turbulenzen an den internationalen Finanzmärkten - Ursachen, Auswirkungen und Lehren
aus Zeitschrift für das gesamte Kreditwesen 02 vom 15.01.2008 Seite 081

(8) D: Markt für Banken
aus Focus, Der Markt der Finanzanlagen - Daten, Fakten, Trends, 2006, S. 6

(9) D: Einstellung zur Situation nationaler und
internationaler Finanzmärkte 2007
aus Manager Magazin, 10/2007, S. 211

(10) Risk Management einer Grossbank am Beispiel
der UBS Risiko-Diversifikation als Obsession
aus Finanz und Wirtschaft vom 09.06.2007, Seite 24

(11) KWG – die Basis der Bankenaufsicht
aus Die Bank, Heft 06/2007, S. 60-67

Impressum

Turbulenzen im Finanzsystem - neue Herausforderungen an das Risikomanagement der Banken

Bibliografische Information der deutschen Nationalbibliothek

Die Deutsche Nationalbibliothek verzeichnet diese Publikation in der deutschen Nationalbibliografie; detaillierte bibliografische Daten sind im Internet über http://dnb.d-nb.de abrufbar.

ISBN: 978-3-7379-2072-8

© 2015 GBI-Genios Deutsche Wirtschaftsdatenbank GmbH, Freischützstraße 96, 81927 München, www.genios.de

Alle Rechte vorbehalten. Dieses Werk ist einschließlich aller seiner Teile – z.B. Texte, Tabellen und Grafiken - urheberrechtlich geschützt. Jede Verwertung außerhalb der Grenzen des Urheberrechtsgesetzes bedarf der vorherigen Zustimmung des Verlags. Dies gilt insbesondere auch für auszugsweise Nachdrucke, fotomechanische

Vervielfältigungen (Fotokopie/Mikroskopie), Übersetzungen, Auswertungen durch Datenbanken oder ähnliche Einrichtungen und die Einspeicherung und Verarbeitung in elektronischen Systemen.